Primeros Lectores Ciencias
Alimentos

Manzanas

Texto: Ann L. Burckhardt
Traducción: Dr. Martín Luis Guzmán Ferrer
Revisión de la traducción: María Rebeca Cartes

Consultora de la traducción:
Dra. Isabel Schon, Directora
Centro para el Estudio de Libros
Infantiles y Juveniles en Español
California State University-San Marcos

Bridgestone Books
an imprint of Capstone Press
Mankato, Minnesota

Bridgestone Books are published by Capstone Press
818 North Willow Street, Mankato, Minnesota 56001 • http://www.capstone-press.com

Library of Congress Cataloging-in-Publication Data
Burckhardt, Ann, 1933-
    [Apples. Spanish]
    Manzanas/de Ann L. Burckhardt; traducción de Martín Luis Guzmán Ferrer; revisión de
    traducción de María Rebeca Cartes.
        p. cm.—(Primeros lectores ciencias. Alimentos)
    Includes bibliographical references and index.
    Summary: Simple text introduces apples, and instructions are given for making an
    apple pomander.
    ISBN 1-56065-785-5
    1. Apples—Juvenile literature. 2. Nature craft—Juvenile literature. [1. Apples. 2. Spanish language
materials.] I. Title. II. Series: Early-reader science. Foods. Spanish.
SB363.B8418   1999
641.3'411—dc21
                                                            98-18749
                                                              CIP
                                                              AC

Editorial Credits
Martha E. Hillman, translation project manager; Timothy Halldin, cover designer
Consultant
Julia Daly, International Apple Institute
Photo Credits
Unicorn/Martha McBride, cover; Joseph Fontenot, 12; Alice Prescott, 14
International Stock, 4, 10, 20
Michelle Coughlan, 6, 16
FPG, 8
Corbis-Bettmann, 18

Contenido

¿Qué son las manzanas? 5

Diferentes tipos de manzanas 7

Partes de la manzana 9

Dónde crecen las manzanas 11

Cómo crecen las manzanas 13

La cosecha 15

Cómo usamos las manzanas 17

Historia 19

Manzanas y gente 21

Manos a la obra: Haz un pomo de manzana 22

Conoce las palabras 23

Más lecturas 24

Índice 24

¿Qué son las manzanas?

Las manzanas son una de las frutas más populares. El mundo produce más de 2 mil millones de "bushels" de manzanas al año. En promedio, una persona se come 50 manzanas al año.

Diferentes tipos de manzanas

Hay más de 7.500 diferentes tipos de manzanas. Algunos se cultivan para venderse en las tiendas. Entre esos están las McIntosh, Granny Smith, Delicious, Delicious Dorada y Roma.

Partes de la manzana

La manzana tiene cinco partes principales.
Estas son la piel, la carne, el corazón, las
semillas y el tallo. La piel de la manzana
puede ser roja, amarilla o verde. La carne
de la manzana puede tener sabor dulce
o agrio.

Dónde crecen las manzanas

Las manzanas crecen en el árbol manzano. Crecen mejor en regiones donde el invierno es frío. Durante el invierno, los manzanos se preparan para volver a crecer. El Estado de Washington, en los Estados Unidos, produce la mayoría de las manzanas de América del Norte.

Cómo crecen las manzanas

En la primavera, los brotes crecen en las ramas del manzano. De los brotes crecen hojas y luego flores. Cuando las flores mueren, botones verdes empiezan a crecer en su lugar. Estos botones se convierten en manzanas.

La cosecha

Las manzanas están listas para la cosecha cuando pueden arrancarse con facilidad del árbol. Los cosecheros arrancan las manzanas a mano. Ellos usan escaleras para alcanzar las ramas altas.

Cómo usamos las manzanas

Las manzanas se usan para hacer muchas cosas. La sidra de manzana, el puré de manzana y la mantequilla de manzana se hacen con manzanas. Comer una manzana es muy bueno para tus dientes.

Historia

Los colonizadores trajeron las manzanas a América del Norte. Los presidentes George Washington y Thomas Jefferson cultivaron manzanas. Johnny Appleseed vivió a principios del 1800. Él iba de granja en granja sembrando semillas de manzana durante muchos años.

Manzanas y gente

La gente dice que una manzana al día aleja al doctor. Se dice que algunas cosas son tan americanas como el pastel de manzana. La Ciudad de Nueva York se conoce como la Gran Manzana.

Manos a la obra: Haz un pomo de manzana

Un pomo de manzana es un perfumador hecho de fruta y clavo. En el pasado, los pomos se usaban mucho para perfumar las habitaciones.

Vas a necesitar
- una manzana durita
- un tenedor
- canela molida
- un cuadro de red de nylon de 20 centímetros (ocho pulgadas)
- clavos de olor enteros
- un recipiente
- un listón

1. Con el tenedor hazle agujeros a la manzana.
2. Encaja el tallo de un clavo entero en cada agujero.
3. Pon la manzana en el recipiente. Rocíala de canela molida.
4. Deja la manzana y el recipiente en un lugar fresco durante varios días.
5. Pon la manzana en el centro de la red de nylon.
6. Ata las puntas de la red con un listón.
7. Cuelga o coloca el pomo de manzana en tu cuarto. Va a oler fragante y fresco.

Conoce las palabras

agrio—sabor ácido picante

bushel—unidad de medida seca de Estados Unidos

carne—parte comestible de una fruta o verdura

cosecha—recoger la siembra

Más lecturas

De Bourgoing, Pascale. *Fruit*. A First Discovery Book. New York: Scholastic, 1991.

Lindbergh, Reeve. *Johnny Appleseed*. Boston: Little, Brown, 1990.

Maestro, Betsy. *How Do Apples Grow?* New York: HarperCollins, 1992.

Micucci, Charles. *The Life and Times of the Apple*. New York: Orchard Books, 1992.

Índice

Appleseed, Johnny, 19
brotes, 13
carne, 9
Ciudad de Nueva York, 21
corazón, 9
cosecha, 15
flores, 13

invierno, 11
Jefferson, Thomas, 19
piel, 9
semillas, 9
tallo, 9
Washington, Estado, 11
Washington, George, 19